30.
JANUAR

Das ist dein Tag

Dein Stammbaum

| Urgroßvater | Urgroßmutter | Urgroßvater | Urgroßmutter |

Großmutter

Großvater

Vorname und Name:

....

Geboren am:

....

Uhrzeit:

....

Gewicht und Grösse:

....

Stadt:

....

Land:

....

Mutter

Ich

4

Der Stammbaum macht dir deutlich, dass du ein Glied in einer langen Kette von Ahnen bist. Er ruft dir die Geschichte deiner Familie in Erinnerung, du wirst dir so wieder der Menschen bewusst, die du oft nur noch aus Erzählungen kennst. Je mehr du über deine Ahnen erfährst, desto mehr wirst du vermutlich Züge und Merkmale von ihnen in dir selbst wieder finden. Und schon heute bist auch du – wie wir alle – ein Zweig im Stammbaum eines anderen.

Der Kreis des Kalenders

Was wären wir ohne unseren Kalender, in dem wir Geburtstage, Termine und Feiertage notieren? Julius Cäsar führte 46 v. Chr. den Julianischen Kalender ein, der sich allein nach dem Sonnenjahr richtete. Aber Cäsar geriet das Jahr ein wenig zu kurz, und um 1600 musste eine Abweichung von zehn Tagen vom Sonnenjahr konstatiert werden. Der daraufhin von Papst Gregor XII. entwickelte Gregorianische Kalender ist zuverlässiger. Erst nach 3.000 Jahren weicht er um einen Tag ab. In Europa setzte er sich jedoch nur allmählich durch. Russland führte ihn zum Beispiel erst 1918 ein, deshalb gibt es für den Geburtstag Peters des Großen zwei verschiedene Daten.

Die Zyklen von Sonne und Mond sind unterschiedlich. Manche Kulturen folgen in ihrer Zeitrechnung und damit in ihrem Kalender dem Mond, andere der Sonne. Gemeinsam ist allen Kalendern, dass sie uns an die vergehende Zeit erinnern, ohne die es natürlich auch keinen Geburtstag gäbe.

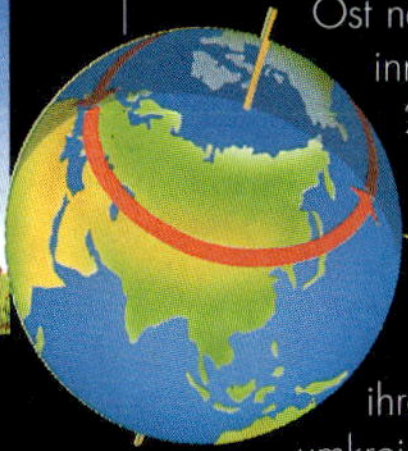

DER KREIS DES KALENDERS

Die Erde dreht sich von Ost nach West innerhalb von 24 Stunden einmal um ihre Achse und umkreist als der dritte von neun Planeten die Sonne. All diese Planeten zusammen bilden unser Sonnensystem. Die Sonne selbst ist ein brennender Ball aus gigantisch heißen Gasen, im Durchmesser mehr als 100-mal größer als die Erde. Doch die Sonne ist nur einer unter aberhundert Millionen Sternen, die unsere Milchstraße bilden; zufällig ist sie der Stern, der unserer Erde am nächsten liegt. Der Mond braucht für eine Erdumrundung etwa 28 Tage, was einem Mondmonat entspricht. Und die Erde wiederum dreht sich in 365 Tagen und sechs

Stunden, etwas mehr als einem Jahr, um die Sonne. Das Sonnenjahr teilt sich in zwölf Monate und elf Tage, weshalb einige Monate zum Ausgleich 31 statt 30 Tage haben.

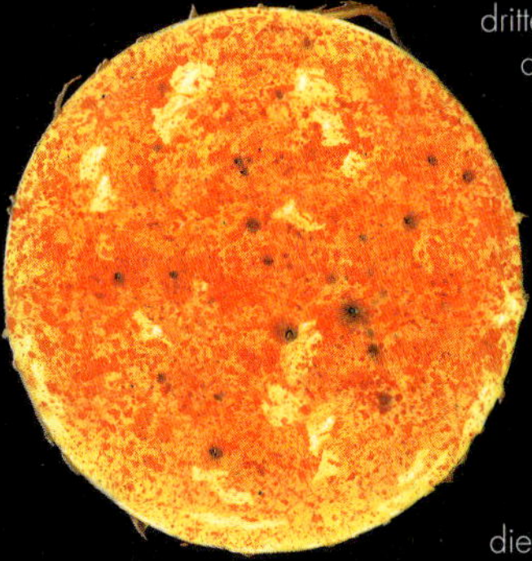

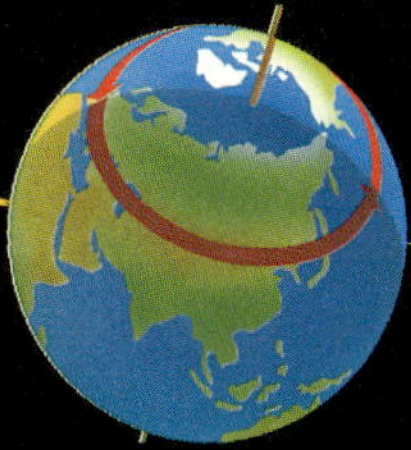

Die Erdhalbkugeln haben konträre Jahreszeiten.

So wirken die Sterne

Die Sonne, der Mond und die Planeten folgen festen Himmelsbahnen, die sie immer wieder an zwölf unveränderten Sternbildern vorbeiführen. Ein vollständiger Umlauf wird in 360 Gradschritte unterteilt. Die Sonne befindet sich etwa einen Monat in jeweils einem dieser Zeichen, was einem Abschnitt von 30 Grad entspricht. Da die meisten dieser Sternkonstellationen von alters her Tiernamen erhielten, wurde dieser regelmäßige Zyklus auch Zodiakus oder Tierkreis genannt.

Schon früh beobachteten die Menschen, dass bestimmte Sterne ganz speziell geformte, unveränderliche Gruppen bilden. Diesen Sternbildern gaben sie Namen aus dem Tierreich oder aus der Mythologie. So entstanden unsere heutigen Tierkreiszeichen, die sich in 4.000 Jahren kaum verändert haben. Die festen Himmelsmarken waren von großem praktischen Wert: Sie dienten den Seefahrern zur Navigation. Zugleich beflügelten sie aber auch die Phantasie. Die Astrologen gingen davon aus, dass die Sterne, zusammen mit dem Mond, unser Leben stark beeinflussen, und nutzten die Tierkreiszeichen zur Deutung von Schicksal und Charakter eines Menschen.

So wirken die Sterne

WIDDER: 21. März bis 20. April ♈

STIER: 21. April bis 20. Mai ♉

ZWILLING: 21. Mai bis 22. Juni ♊

KREBS: 23. Juni bis 22. Juli ♋

LÖWE: 23. Juli bis 23. August ♌

JUNGFRAU: 24. August bis 23. September ♍

WAAGE: 24. September bis 23. Oktober ♎

SKORPION: 24. Oktober bis 22. November ♏

SCHÜTZE: 23. November bis 21. Dezember ♐

STEINBOCK: 22. Dezember bis 20. Januar ♑

WASSERMANN: 21. Januar bis 19. Februar ♒

FISCHE: 20. Februar bis 20. März ♓

Im Zeichen des Mondes

Den Tierkreiszeichen werden jeweils bestimmte Planeten zugeordnet: Dem Steinbock ist der Planet Saturn, dem Wassermann Uranus, den Fischen Neptun, dem Widder Mars, dem Stier Venus und dem Zwilling Merkur zugeordnet; der Planet des Krebses ist der Mond, für den Löwen ist es die Sonne. Manche Planeten sind auch mehreren Tierkreiszeichen zugeordnet. So ist der Planet der Jungfrau wie der des Zwillings Merkur. Der Planet der Waage ist wie bereits beim Stier Venus. Die Tierkreiszeichen Skorpion und Schütze haben in Pluto und Jupiter ihren jeweiligen Planeten.

D er Mond wandert in etwa einem Monat durch alle zwölf Tierkreiszeichen. Das heißt, dass er sich in jedem Zeichen zwei bis drei Tage aufhält. Er gibt dadurch den Tagen eine besondere Färbung, die du als Wassermann anders empfindest als andere Sternzeichen.

In welchem Zeichen der Mond heute steht, erfährst du aus jedem gängigen Mondkalender. An einem **Widder**-Tag kann plötzlich etwas Besonderes beginnen, aber es kann auch Scherben geben, wenn der Wassermann mit sich und seinen Gefühlen nicht im Reinen ist. Ein Tag, an dem der Mond im **Stier** steht, verleiht dem manchmal etwas exzentri-

Unser Sonnensystem mit den neun Planeten

schen Wassermann mehr Gemütlichkeit als sonst. Der Mond im **Zwilling** aktiviert den Wassermann. Er setzt sich gekonnt und originell in Szene und wird so zum Mittelpunkt. Geht der Mond durch den **Krebs**, dann merkt man sogar dem distanziertesten Wassermann persönliches Mitgefühl an. Der Mond im **Löwen** ist für einen Wassermann die perfekte Verbindung von Intuition und Kreativität. An einem **Jungfrau**-Tag kann ein Wassermann endlich einmal herausfinden, ob er nicht vielleicht an der Wirklichkeit vorbei rebelliert. **Waage**-Tage machen einen Wassermann offen für Begegnungen. Steht der Mond im **Skorpion**, mangelt es dem Wassermann oft an Entscheidungskraft. Diese Szene kennt man: Ein übereifriger Cowboy springt aufs Pferd und fällt vor lauter Schwung auf der anderen Seite wieder herunter. Das könnte ein Wassermann an einem **Schütze**-Tag sein. Ist **Steinbock**-Zeit, dann entdeckt der Wassermann vielleicht, dass er die gleichen Rechte und Pflichten wie seine Mitmenschen hat. Wenn du als Wassermann an einem **Wassermann**-Tag eine tolle Idee hast, so ist das Tagesziel eigentlich erreicht. Es wäre aber zu prüfen, ob sie sich auch in die Tat umsetzen lässt. An **Fische**-Tagen liegen dem exotischen Wassermann alle zu Füßen.

ERKENNE DICH SELBST

Der typische Wassermann ist ein geistiger Pionier, ein brillanter und visionärer Denker. Sein Leitsatz lautet: »Ich sehe das Ganze!« Er ist sehr intelligent und aufgeschlossen, aber auch eigenwillig und mit einem angeborenen Widerwillen gegen Ungerechtigkeit ausgestattet, den er auch heftig äußert. Er lässt sich nicht leicht beeinflussen, hasst jedoch Streit, und wenn er in einen verwickelt wird, versucht er, ihn zu ignorieren.

Der Wassermann ist der große Träumer unter den Tierkreiszeichen. Die unter diesem Zeichen Geborenen sind sehr neugierig, schöpferisch, intuitiv und ihrer Zeit

WASSERMANN

oft weit voraus. Die vom unsteten Planeten Uranus beherrschten Wassermänner sind sehr impulsiv. Jedes Tierkreiszeichen wird in drei Dekaden mit jeweils eigenen Charakteristika unterteilt. Die Wassermanndekaden reichen vom 21. bis 31.1., vom 1. bis 10.1. und vom 11. bis 19.2. Allen gemeinsam ist aber ihr Streben nach Unabhängigkeit. Viele Freiheitskämpfer und Rebellen sind Wassermänner.

Seine Begeisterung für große Pläne führt andererseits dazu, dass er sich nicht um praktische Einzelheiten kümmert. Den einzelnen Tierkreiszeichen werden unter anderem bestimmte Farben, Pflanzen und Tiere zugeordnet, die als ihre Glücksbringer gelten. Die Wassermannfarben sind Kobaltblau, Pistaziengrün und alle fluoreszierenden Farben; ihr Edelstein ist der Amethyst, ihre Metalle sind Nickel und Platin; ihre Pflanzen sind der Löwenzahn und der Holunder, ihr Duft der Lavendel. An Tieren sind ihnen der Lachs, die Möwe, der Reiher, der Windhund und der Delphin zugeordnet. Ihr Glückstag ist der Samstag.

Menschen deiner Dekade

Mit der ersten Wassermanndekade wird traditionell das Sternbild Südlicher Fisch, Piscis Austrinus, in Verbindung gebracht. Die in diesem Zeitraum Geborenen sind selbstbewusst, unkonventionell und von Natur aus rebellisch.

Das gilt für **Kaiser Hadrian** (24. Januar 76 n. Chr., Abb. o.), der das riesige römische Reich einte, aber zwischen England und Schottland einen langen Wall errichtete, ebenso wie für den englischen Bürgerrechtler **Thomas Paine** (29. Januar 1737), der im Unabhängigkeitskrieg der Amerikaner auf deren Seite kämpfte und dann in Frankreich an der Revolution teilnahm. Auch der viermalige Präsident der USA **Franklin Delano Roosevelt** (30. Januar 1882) darf hier nicht vergessen werden.

Viele berühmte Schriftsteller wurden in dieser Dekade geboren: die ehemalige Varietétänzerin **Colette** (28. Januar 1873, Abb. o.) schrieb einige der elegantesten sowie erotischsten Werke der französischen Literatur.

Auch der russische Schriftsteller **Anton Tschechow** (29. Januar 1860), sowie **George Orwell** (25. Januar 1903), der »Die Farm der Tiere« und »1984« verfasste, sind in diesem Zeitraum geboren. **Virginia Woolf** (25. Januar 1882, Abb. S. 15, li.), deren Heim in Bloomsbury Mittelpunkt eines literarischen Kreises war, wurde mit Romanen wie »Mrs. Dalloway« (1925) und »Die Fahrt zum Leuchtturm« (1927) eine der größten Erzählerinnen des 20. Jahr-

Menschen deiner Dekade

hunderts; und der Oxford-Professor **Lewis Carroll** (27. Januar 1832, Abb. u. re.) machte aus einer schlichten Bootsfahrt eines der berühmtesten Kinderbücher der Welt: »Alice im Wunderland« (1869). Auch in der Welt des Kinos sind Vertreter aus dieser Dekade zu finden: Der russische Regisseur **Sergei Eisenstein** (23. Januar 1898) setzte in Filmen wie »Panzerkreuzer Potemkin« (1925) heroische Themen in Bilder um, die noch heute beeindrucken. Der Hollywoodschauspieler **Paul Newman** (26. Januar 1925) erhielt für sein Lebenswerk, zu dem Filme wie »Butch Cassidy und Sundance Kid« (1968) und »Der Clou« (1973) gehören, einen Oscar. Die schöne **Nastassja Kinski** (24. Januar 1961) fasziniert als ebenso intelligente wie verführerische Frau. Das Kino war es auch, das den russischen Balletttänzer **Michail Baryschnikow** (27. Januar 1948) bekannt machte, der in Hollywood endgültig zum Weltstar wurde. Ein Modeschöpfer der Stars war der Spanier **Christobal Balenciaga** (21. Januar 1895. Abb. o.), einer der wenigen Couturiers, der seine Entwürfe selbst zuschneiden, anpassen und nähen konnte. Zum Schluss sollen noch verschiedene Musiker erwähnt werden: Der österreichische Komponist **Franz Schubert** (31. Januar 1797) und das musikalische Wunderkind **Wolfgang Amadeus Mozart** (27. Januar 1756). Zuletzt ein Zeitgenosse: Der frühere Genesis-Schlagzeuger **Phil Collins** (31. Januar 1951), der sieben Grammys einheimsen konnte, ist ebenfalls in der ersten Dekade des Wassermanns geboren.

Ein außergewöhnlicher Mensch

Der studierte Jurist Roosevelt startete seine politische Laufbahn 1910 als demokratischer Senator. 1921 erkrankte er jedoch an Kinderlähmung – eine starke Gehbehinderung blieb zurück. Dennoch gab Roosevelt nicht auf, sondern bekämpfte tapfer seine tückische Krankheit und führte seine politische Karriere fort. Sieben Jahre später wählte man ihn zum Gouverneur des Staates New York. Anstatt die öffentlichen Ausgaben einzuschränken, weitete Roosevelt sie aus und führte dringend nötige Sozialhilfeprogramme ein. Als die Präsidentschaftswahlen von 1932 anstanden, steckten die USA mitten in der schlimmsten Wirtschaftskrise. Die Amerikaner glaubten an Roosevelts Wirtschaftspolitik und wählten ihn mit großer Mehrheit. Entgegen dem Grundsatz der freiwilligen Beschränkung auf nur zwei Amtsperioden wurde dieser Präsident noch dreimal wiedergewählt (1936, 1940, 1944). Das Bündel wirtschaftlicher Maßnahmen, auf das er setzte, wurde als »New Deal« bekannt – hierzu hatte Roosevelt zahlreiche Intellektuelle zu einem so genannten Braintrust, einem Beratergremium, zusammengerufen. Das Programm zielte darauf ab, die Folgen der Weltwirtschaftskrise, insbesondere die Massenarbeitslosigkeit, zu überwinden.

Nach dem Angriff auf Pearl Harbor (1941) und dem Eintritt der USA in den Zweiten Weltkrieg blickte das amerikanische Volk erneut voller Hoffnung auf seinen Präsidenten. Er erwies sich als hervorragender Staatsmann und führte sein Land sicher bis zum Kriegsende – Roosevelt war einer der »Großen Drei«, die 1945 in Jalta über die Neuordnung der Welt konferierten.

30. Januar

Am 30. Januar 1882 wurde Franklin Delano Roosevelt geboren, der einer der größten Staatsführer des 20. Jahrhunderts werden sollte. Als 32. Präsident der USA durchstand er in schwierigen Zeiten vier Amtsperioden und steuerte sein Land erfolgreich aus der Wirtschaftskrise und durch den Krieg mit Deutschland und Japan.

Franklin D. Roosevelt, der an der Gründung der Vereinten Nationen maßgeblich beteiligt war, erlebte die Kapitulation Deutschlands nicht mehr, da er vier Wochen vorher starb. Zu seinen Lebzeiten hatte Roosevelt den Medien so bereitwillig Einblick in seine Arbeit gewährt, dass man scherzhaft sagte: »Er ist der beste Zeitungsmann, der jemals Präsident der USA war.«

An diesem ganz besonderen Tag

Am 30. Januar 1649 wurde der englische König **Karl I.** auf Anordnung des neuen, von Cromwell geführten Parlaments hingerichtet. Bevor der König, dessen Tod das Ende des englischen Bürgerkriegs bedeutete, starb, sagte er noch: »Ich sterbe als Christ im Glauben an die anglikanische Kirche ... Betet zu Gott, dass er euch nicht dafür verantwortlich macht, dass ich ein Märtyrer des Volkes bin!« Nach seinem Tod wurde England dann eine Republik.

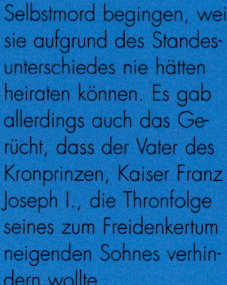

Der Thronerbe von Österreich-Ungarn, **Kronprinz Rudolf**, wurde heute im Jahr 1889 im Jagdschloss Mayerling erschossen aufgefunden. Neben ihm lag die Leiche der 18-jährigen Baroness Mary Vetsera. Der geheimnisumwitterte Tod der beiden wurde nie aufgeklärt. Viele glaubten, dass sie ein Liebespaar waren und Selbstmord begingen, weil sie aufgrund des Standesunterschiedes nie hätten heiraten können. Es gab allerdings auch das Gerücht, dass der Vater des Kronprinzen, Kaiser Franz Joseph I., die Thronfolge seines zum Freidenkertum neigenden Sohnes verhindern wollte.

Am 30. Januar 1929 ließ Stalin **Leo Trotzki** aus der Sowjetunion ausweisen, um den erfolgreichen Führer der Roten Armee auszuschalten. 1940 wurde er im Exil von einem Agenten Stalins getötet.

30. JANUAR

Reichskanzler Hitler!
Frick Reichsinnenminister — Göring preußischer Innenminister

Am 30. Januar 1933 wurde **Adolf Hitler** von Hindenburg zum deutschen Reichskanzler ernannt. Sein Aufstieg zur Macht war mit atemberaubender Schnelligkeit vonstatten gegangen. 1925 hatte Hitler die NSDAP (Nationalsozialistische Deutsche Arbeiterpartei) neu gegründet; die Wahlerfolge blieben jedoch bis 1928/29 begrenzt. Aber bereits acht Jahre später herrschte er über das ganze Land. Der amerikanische Flugpionier **Orville Wright** (Abb. Mitte) starb am 30. Januar 1948. Zusammen mit seinem Bruder Wilbur unternahm er 1903 mit dem Motorflugzeug »Flyer I«, das rund zwölf PS hatte, insgesamt vier Flüge von 12 bis 59 Sekunden Dauer und 36 bis 265 Meter Länge. 1904 konnten Orville und Wilbur be-

reits Kurvenflüge mit ihrem »Flyer II« veranstalten und 1905 mit »Flyer III« Streckenflüge bis zu 45 Kilometern. Die Wrights gelten als die Pioniere des Motorflugs. Heute im Jahr 1958 veranstaltete **Yves Saint Laurent**, der dynamische Pariser Modeschöpfer, seine erste Modeschau; damals allerdings noch bei Christian Dior, dessen Nachfolger er von 1957 bis 1960 war. Seine Kollektion, die auf die »Trapezlinie« setzte, wurde ein rauschender Erfolg und katapultierte ihn an die Spitze der europäischen Mode.

Ein Tag, den keiner vergisst

Am 30. Januar 1948 wurde der Führer der indischen Unabhängigkeitsbewegung Mohandas Karamchand Gandhi, genannt Mahatma (Sanskrit: *Große Seele*), in seinem Haus in Neu-Delhi von einem Mitglied einer hinduistischen Extremistengruppe erschossen. Dass Gandhi eines gewaltsamen Todes starb, muss als Ironie des Schicksals betrachtet werden, denn er war sein ganzes Leben lang für Gewaltlosigkeit eingetreten und hatte die Unterdrückten stets beschworen, sich auf friedliche Weise für ihre Ziele einzusetzen.

Mahatma Gandhi wurde 1869 im indischen Porbandar geboren und entstammte einer Kaste von Kaufleuten. Er studierte in England Jura und wurde Rechtsanwalt. In den

30. Januar

Jahren 1893 bis 1914 organisierte er in Südafrika den Widerstand der dorthin eingewanderten Inder gegen die diskriminierende Gesetzgebung. Nach Indien zurückgekehrt, führte er ab 1914 an der Spitze des Indischen Nationalkongresses einen waffenlosen Kampf gegen die britische Herrschaft, der ihn wiederholt ins Gefängnis brachte. Dort führte er seinen Protest dann oftmals durch Hungerstreiks weiter. Angesichts der politischen Unterdrückung durch die britische Herrschaft rief Gandhi seine Landsleute zum bürgerlichen Ungehorsam, zur Nichtbeteiligung an der Verwaltung Britisch-Indiens und zum Boykott von Waren aus Großbritannien auf. Außerdem trat er dafür ein, die Handspinnerei seines Landes auszubauen, um Indien weitestgehend von der britischen Textilindustrie unabhängig zu machen. Nachdem sich Großbritannien geweigert hatte, Indien den »Dominion«-Status, das heißt volle Selbstregierung, einzuräumen, setzte sich Mahatma Gandhi an die Spitze einer Protestbewegung, die versuchte, das Salzgewinnungsmonopol der britisch-indischen Regierung zu durchbrechen. Im Zweiten Weltkrieg forderte er die Unabhängigkeit Indiens. Nachdem er sich 1947 vergeblich darum bemüht hatte, die Teilung seines Heimatlandes zu verhindern, wurden Indien und Pakistan von Großbritannien zu selbstständigen Dominien erklärt und in die Unabhängigkeit entlassen.

ENTDECKT & ERFUNDEN

Jeden Monat – manchmal sogar jeden Tag – werden große oder kleine Dinge erfunden, die unser Alltagsleben verändern. Auch der

Monat Januar bildet in dieser Hinsicht keine Ausnahme.

So kam am 13. Januar 1957 das erste **Frisbee** auf den Markt. Lastwagenfahrer der amerikanischen Firma Frisbee's Pie Company in Connecticut hatten nämlich einigen Studenten der Yale-Universität gezeigt, wie sie ihre Frühstücksdosen zum Spaß in die Luft werfen konnten. Ein Verkäufer der örtlichen Wham-O Company sah die jungen Männer bei diesem neuen Zeitvertreib und hatte die geniale Idee, daraus ein Spielzeug zu entwickeln.

Genau auf den 20. Januar 1885 fällt die Eröffnung der ersten **Achterbahn**, und zwar im Vergnügungspark auf Coney Island bei New York (Abb. li. u.). Etwa ein Jahr später wurde das erste **benzinbetriebene Auto** der Welt patentiert (Abb. o.). Den

22

JANUAR

Verbrennungsmotor hatte Karl Benz erfunden. Er war zunächst an einem Dreirad getestet worden, bis dem Gefährt zur Stabilisierung noch ein weiteres Rad hinzugefügt wurde.
Am 5. Januar 1778 erfand der Amerikaner David Bushnell die gefährlichen, unter Wasser lauernden **Kontaktminen**. Er befestigte einen Zünder an einem Pulverfässchen. Dieser reagierte auf Berührung und brachte so die primitive Mine zum Explodieren. Später kam sie bei Seekriegen zum Einsatz.
Fertig geschnittenes Brot gibt es seit 1928: Otto Rohwedder brachte damals seine Schneidemaschine auf den Markt, die den geschnittenen Laib auch gleich in Wachspapier einwickelte.
Am 28. Januar 1878 antwortete George Coy, der die **erste Fern-**

sprechstelle in New Haven, Connecticut, eingerichtet hatte, seinem ersten Gesprächsteilnehmer: »Ahoi! Ahoi!« (Abb. o.)
Gail Borden ließ sich die **Kondensmilch** am 31. Januar 1851 patentieren. Diese sollte für die Versorgung auf langen Schiffsreisen dienen.
Schließlich gibt es bereits seit dem 1. Januar 1772 **Travellerschecks**.

Im Rhythmus der Natur

Die Tropen erstrecken sich vom Wendekreis des Krebses bis zu dem des Steinbocks. Dort gibt es keinen Winter wie bei uns, und einen großen Teil des Jahres herrscht warmes Wetter. Die Tage sind in den Tropen zu allen Jahreszeiten fast gleich lang.

Im Winter ist die Natur wie erstarrt. Die Tage sind kalt und kurz, der Boden ist hart und das Futter knapp. Die Säugetiere halten Winterschlaf, viele Vögel ziehen in Richtung Süden. Doch der englische Dichter Shelley meint: »Wenn der Winter kommt, kann da der Frühling noch fern sein?«

WINTER

Der Rote Kardinal, den man an seinem Schopf und seinem leuchtenden Gefieder leicht erkennen kann, besucht im Winter in Nordamerika regelmäßig die Futterplätze. Ein frecher kleiner Vogel ist der in ganz Europa und Asien heimische Spatz. In Japan schließen sich die Spatzen im Winter zu riesigen Schwärmen zusammen, die sogar in dicht besiedelte Gebiete einfallen. Die Amsel singt zwar sehr schön, vernichtet aber Frucht und Saat, wenn der Boden zu hart ist, um darin nach Würmern zu graben.

Das bei uns sehr beliebte Rotkehlchen wird im Winter kühn und wagt sich bis auf die Fensterbretter vor.

So feiert die Welt

Kaum ist das alte Jahr vorbei und der von der feuchtfröhlichen Neujahrsfeier strapazierte Brummschädel wieder klar, stellen wir die Weichen fürs neue Jahr. Jede Menge guter Vorsätze sowie zahlreiche Feste begleiten uns durch den Januar.

So beleuchten die Bewohner der schottischen Shetland-Inseln am »Up Helly Day« in der Nacht vor dem letzten Dienstag des Monats die karikaturistische Nachbildung einer alten Wikingergaleere (Abb. o.) und feiern in ausgelassener Stimmung, dass die Tage nun endlich wieder länger werden.

Eine weitere schottische Sitte ist es, dass am Neujahrstag der Erste, der ein Haus betritt – oder vielmehr vorne hinein- und hinten wieder herausgeht –, ein Glück bringender Schornsteinfeger sein sollte.

In Japan liegt beim Neujahrsfest der Schwerpunkt auf Tradition: Frauen tragen stolz ihre Kimonos zur Schau, und die Straßen sind festlich mit Pinienzweigen und Bambusrohren geschmückt (Abb. S. 27 re.).

In Italien werden beim so genannten Bohnenfest in dem Ort Castiglione d'Asti in allen Häusern Bohnen gesammelt, die dann gemeinsam auf dem Marktplatz gekocht und verzehrt werden.

Eine alte englische Farmertradition war der »Pflugmontag«, der erste Montag

JANUAR

nach dem Dreikönigsfest und erster Arbeitstag der Bauern nach Weihnachten. In weißen Smokings und mit hellen Bändern geschmückt trugen die Bauern singend einen Pflug durch die Straßen und sammelten Geld ein. Dem, der nichts gab, durfte man dann ungestraft seinen Vorgarten umpflügen.

Das Dreikönigsfest oder Fest »Epiphanias« am 6. Januar erinnert an die Ankunft der drei Weisen Kaspar, Melchior und Balthasar aus dem Morgenland in Bethlehem. Sie waren gekommen, um dem neugeborenen »König der Juden« zu huldigen und ihm Gold, Weihrauch und Myrrhe zu schenken (Abb. o.). Noch heute treffen sich viele katholische Kinder in europäischen Ländern – als Heilige Drei Könige verkleidet – zum Dreikönigssingen.

Die orthodoxen Christen, die dem Julianischen Kalender folgen, feiern Weihnachten, die Geburt des Erlösers, weltweit erst am 7. Januar.

Am 10. Januar, dem »Toka Ebisu«-Tag, bitten die Japaner den Gott Ebisu um gute Geschäfte. Bei den

Feierlichkeiten sind Bambusähren – ein Symbol für Wohlstand – allgegenwärtig. An »Shigoto Hajime« – dem Tag der Arbeit – gehen die Japaner erstmals im neuen Jahr wieder feierlich zur Arbeit, oder aber sie frönen mit Hingabe ihrem Lieblingshobby. Es ist für sie Ehrensache, an diesem Tag alles möglichst perfekt zu machen.

Die Idee für den Tag

Material:

Dünner Karton
Schneespray
Sprühkleber
Skalpell
Klebestreifen

❶ Motiv vergrößern

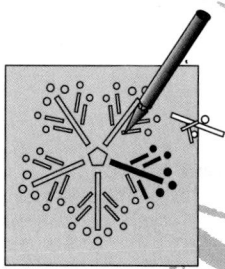

❷ Schablone schneiden

❸ Eisblume sprühen

1. Motiv vergrößern
Die Zeichnungen von Schritt 1 auf den Kopierer legen und in verschiedenen Größen vervielfachen. Da die Zeichnungen sehr klein sind, am besten immer die letzte Kopie als Vorlage für die nächste Vergrößerung verwenden.

2. Schablone schneiden
Um eine stabile Schablone herstellen zu können, die Fotokopien der Eisblumen mit Sprühkleber auf den dünnen Karton aufkleben. Mit dem Skalpell die Linien und Punkte sowie den Mittelpunkt des Motivs herausschneiden.

3. Eisblume sprühen
Schablonen mit ablösbarem Klebestreifen auf das Fenster kleben und anschließend das Motiv mit Schneespray besprühen. Die Schablone erst abziehen, wenn das Spray getrocknet ist.

Mit dieser Technik können Sie nicht nur Eisblumen auf Fenster sprühen, sondern auch Glückwunschkarten aller Art gestalten.

EISBLUME

Auf ein Neues

Januar, Januar,
nichts bleibt, wie es war.
Neu erfunden, neu bedacht,
neuer Anfang gemacht.